書名：三元玄空挨星四十八局圖說
系列：心一堂術數古籍珍本叢刊　堪輿類
作者：心一堂編
主編、責任編輯：陳劍聰
心一堂術數古籍珍本叢刊編校小組：陳劍聰　素聞　梁松盛　鄒偉才　虛白盧主

出版：心一堂有限公司
通訊地址：香港九龍旺角彌敦道六一〇號荷李活商業中心十八樓〇五—〇六室
深港讀者服務中心：中國深圳市羅湖區立新路六號羅湖商業大廈負一層〇〇八室
電話號碼：(852)67150840
網址：publish.sunyata.cc
電郵：sunyatabook@gmail.com
網店：http://book.sunyata.cc
淘寶店地址：https://shop210782774.taobao.com
微店地址：https://weidian.com/s/1212826297
臉書：https://www.facebook.com/sunyatabook
讀者論壇：http://bbs.sunyata.cc/

版次：二零一四年五月初版
平裝

港幣　　三百三十八元正
定價：人民幣　三百三十八元正
新台幣　一千一百元正

國際書號：ISBN 978-988-8266-77-7

香港發行：香港聯合書刊物流有限公司
地址：香港新界大埔汀麗路36號中華商務印刷大廈3樓
電話號碼：(852)2150-2100
傳真號碼：(852)2407-3062
電郵：info@suplogistics.com.hk

台灣發行：秀威資訊科技股份有限公司
地址：台灣台北市內湖區瑞光路七十六巷六十五號一樓
電話號碼：+886-2-2796-3638
傳真號碼：+886-2-2796-1377
網絡書店：www.bodbooks.com.tw
台灣國家書店讀者服務中心：
地址：台灣台北市中山區松江路二〇九號一樓
電話號碼：+886-2-2518-0207
傳真號碼：+886-2-2518-0778
網絡書店：http://www.govbooks.com.tw

中國大陸發行　零售：深圳心一堂文化傳播有限公司
深圳地址：深圳市羅湖區立新路六號羅湖商業大廈負一層〇〇八室
電話號碼：(86)0755-82224934

心一堂微店二維碼

心一堂淘寶店二維碼

心一堂術數古籍 珍本整理叢刊 總序

術數定義

術數，大概可謂以「推算（推演）、預測人（個人、群體、國家等）、事、物、自然現象、時間、空間方位等規律及氣數，並或通過種種『方術』，從而達致趨吉避凶或某種特定目的」之知識體系和方法。

術數類別

我國術數的內容類別，歷代不盡相同，例如《漢書・藝文志》中載，漢代術數有六類：天文、曆譜、五行、蓍龜、雜占、形法。至清代《四庫全書》，術數類則有：數學、占候、相宅相墓、占卜、命書、相書、陰陽五行、雜技術等，其他如《後漢書・方術部》、《藝文類聚・方術部》、《太平御覽・方術部》等，對於術數的分類，皆有差異。古代多把天文、曆譜、及部份數學均歸入術數類，而民間流行亦視傳統醫學作為術數的一環；此外，有些術數與宗教中的方術亦往往難以分開。現代學界則常將各種術數歸納為五大類別：命、卜、相、醫、山，通稱「五術」。

本叢刊在《四庫全書》的分類基礎上，將術數分為九大類別：占筮、星命、相術、堪輿、選擇、三式、讖諱、理數（陰陽五行）、雜術（其他）。而未收天文、曆譜、算術、宗教方術、醫學。

術數思想與發展——從術到學，乃至合道

我國術數是由上古的占星、卜筮、形法等術發展下來的。其中卜筮之術，是歷經夏商周三代而通過

「龜卜、蓍筮」得出卜（筮）辭的一種預測（吉凶成敗）術，之後歸納並結集成書，此即現傳之《易經》。經過春秋戰國至秦漢之際，受到當時諸子百家的影響、儒家的推崇，遂有《易傳》等的出現，原本是卜筮術書的《易經》，被提升及解讀成有包涵「天地之道（理）」之學。因此，《易・繫辭傳》曰：「易與天地準，故能彌綸天地之道。」

漢代以後，易學中的陰陽學說，與五行、九宮、干支、氣運、災變、律曆、卦氣、讖緯、天人感應說等相結合，形成易學中象數系統。而其他原與《易經》本來沒有關係的術數，如占星、形法、選擇，亦漸漸以易理（象數學說）為依歸。《四庫全書・易類小序》云：「術數之興，多在秦漢以後。要其旨，不出乎陰陽五行，生尅制化。實皆《易》之支派，傅以雜說耳。」至此，術數可謂已由「術」發展成「學」。

及至宋代，術數理論與理學中的河圖洛書、太極圖、邵雍先天之學及皇極經世等學說給合，通過術數以演繹理學中「天地中有一太極，萬物中各有一太極」（《朱子語類》）的思想。術數理論不單已發展至十分成熟，而且也從其學理中衍生一些新的方法或理論，如《梅花易數》、《河洛理數》等。

在傳統上，術數功能往往不止於僅僅作為趨吉避凶的方術，及「能彌綸天地之道」的學問，亦有其「修心養性」的功能，「與道合一」（修道）的內涵。《素問・上古天真論》：「上古之人，其知道者，法於陰陽，和於術數。」數之意義，不單是外在的算數、歷數、氣數，而是與理學中同等的「道」、「理」--心性的功能，北宋理氣家邵雍對此多有發揮：「聖人之心，是亦數也」、「萬化萬事生乎心」、「心為太極」。《觀物外篇》：「先天之學，心法也。……蓋天地萬物之理，盡在其中矣，心一而不分，則能應萬物。」反過來說，宋代的術數理論，受到當時理學、佛道及宋易影響，認為心性本質上是等同天地之太極。天地萬物氣數規律，能通過內觀自心而有所感知，即是內心也已具備有術數的推演及預測、感知能力；相傳是邵雍所創之《梅花易數》，便是在這樣的背景下誕生。

《易・文言傳》已有「積善之家，必有餘慶；積不善之家，必有餘殃」之說，至漢代流行的災變說及讖緯說，我國數千年來都認為天災，異常天象（自然現象），皆與一國或一地的施政者失德有關；下至家族、個人之盛衰，也都與一族一人之德行修養有關。因此，我國術數中除了吉凶盛衰理數之外，人心的德行修養，也是趨吉避凶的一個關鍵因素。

術數與宗教、修道

在這種思想之下，我國術數不單只是附屬於巫術或宗教行為的方術，又往往是一種宗教的修煉手段—通過術數，以知陰陽，乃至合陰陽（道）。「其知道者，法於陰陽，和於術數。」例如，「奇門遁甲」術中，即分為「術奇門」與「法奇門」兩大類。「法奇門」中有大量道教中符籙、手印、存想、內煉的內容，是道教內丹外法的一種重要外法修煉體系。甚至在雷法一系的修煉上，亦大量應用了術數內容。此外，相術、堪輿術中也有修煉望氣（氣的形狀、顏色）的方法；堪輿家除了選擇陰陽宅之吉凶外，也有道教中選擇適合修道環境（法、財、侶、地中的地）的方法，以至通過堪輿術觀察天地山川陰陽之氣，亦成為領悟陰陽金丹大道的一途。

易學體系以外的術數與的少數民族的術數

我國術數中，也有不用或不全用易理作為其理論依據的，如揚雄的《太玄》、司馬光的《潛虛》。也有一些占卜法、雜術不屬於《易經》系統，不過對後世影響較少而已。

外來宗教及少數民族中也有不少雖受漢文化影響（如陰陽、五行、二十八宿等學說）但仍自成系統的術數，如古代的西夏、突厥、吐魯番等占卜及星占術，藏族中有多種藏傳佛教占卜術、苯教占卜術、擇吉術、推命術、相術等；北方少數民族有薩滿教占卜術；不少少數民族如水族、白族、布朗族、佤族、彝族、苗族等，皆有占雞（卦）草卜、雞蛋卜等術，納西族的占星術、占卜術，彝族畢摩的推命術、占卜術……等等，都是屬於《易經》體系以外的術數。相對上，外國傳入的術數以及其理論，對我國術數影響更大。

曆法、推步術與外來術數的影響

我國的術數與曆法的關係非常緊密。早期的術數中，很多是利用星宿或星宿組合的位置（如某星在某州或某宮某度）付予某種吉凶意義，并據之以推演，例如歲星（木星）、月將（某月太陽所躔之宮次）等。不過，由於不同的古代曆法推步的誤差及歲差的問題，若干年後，其術數所用之星辰的位置，已與真實星辰的位置不一樣了；此如歲星（木星），早期的曆法及術數以十二年為一周期（以應地支），與木星真實周期十一點八六年，每幾十年便錯一宮。後來術家又設一「太歲」的假想星體來解決，是歲星運行的相反，週期亦剛好是十二年。而術數中的神煞，很多即是根據太歲的位置而定。又如六壬術中的「月將」，原是立春節氣後太陽躔娵訾之次而稱作「登明亥將」，至宋代，因歲差的關係，要到雨水節氣後太陽才躔娵訾之次，當時沈括提出了修正，但明清時六壬術中「月將」仍然沿用宋代沈括修正的起法沒有再修正。

由於以真實星象周期的推步術是非常繁複，而且古代星象推步術本身亦有不少誤差，大多數術數除依曆書保留了太陽（節氣）、太陰（月相）的簡單宮次計算外，漸漸形成根據干支、日月等的各自起例，以起出其他具有不同含義的眾多假想星象及神煞系統。唐宋以後，我國絕大部份術數都主要沿用這一系統，也出現了不少完全脫離真實星象的術數，如《子平術》，《紫微斗數》、《鐵版神數》等。後來就連一些利用真實星辰位置的術數，如《七政四餘術》及選擇法中的《天星選擇》，也已與假想星象及神煞混合而使用了。

隨着古代外國曆（推步）、術數的傳入，如唐代傳入的印度曆法及術數，元代傳入的回回曆等，其中我國占星術便吸收了印度占星術中羅睺星、計都星等而形成四餘星，又通過阿拉伯占星術而吸收了其中來自希臘、巴比倫占星術的黃道十二宮、四元素學說（地、水、火、風），並與我國傳統的二十八宿、五行說、神煞系統並存而形成《七政四餘術》。此外，一些術數中的北斗星名，不用我國傳統的星名：天樞、天璇、天璣、天權、玉衡、開陽、搖光，而是使用來自印度梵文所譯的：貪狼、巨門、祿存、文曲，廉貞、武曲、破軍等，此明顯是受到唐代從印度傳入的曆法及占星術所影響。如星命術的《紫微斗數》及堪輿術的《撼龍經》等文獻中，其星皆用印度譯名。及至清初《時憲曆》，置閏之法則改用西法「定氣」。清代以後的術數，又作過不少的調整。

陰陽學——術數在古代、官方管理及外國的影響

術數在古代社會中一直扮演着一個非常重要的角色，影響層面不單只是某一階層、某一職業、某一年齡的人，而是上自帝王，下至普通百姓，從出生到死亡，不論是生活上的小事如洗髮、出行等，大事如建房、入伙、出兵等，從個人、家族以至國家，從天文、氣象、地理到人事、軍事，從民俗、學術到宗教，都離不開術數的應用。我國最晚在唐代開始，已把以上術數之學，稱作陰陽（學），行術數者稱陰陽人。（敦煌文書、斯四三二七唐《師師漫語話》：「以下說陰陽人謾語話」，此說法後來傳入日本，今日本人稱行術數者為「陰陽師」）。一直到了清末，欽天監中負責陰陽術數的官員中，以及民間術數之士，仍名陰陽生。

古代政府的中欽天監（司天監），除了負責天文、曆法、輿地之外，亦精通其他如星占、選擇、堪輿等術數，除在皇室人員及朝庭中應用外，也定期頒行日書、修定術數，使民間對於天文、日曆用事吉

凶及使用其他術數時，有所依從。

中國古代政府對官方及民間陰陽學及陰陽官員，從其內容、人員的選拔、培訓、認證、考核、律法監管等，都有制度。至明清兩代，其制度更為完善、嚴格。

宋代官學之中，課程中已有陰陽學及其考試的內容。（宋徽宗崇寧三年〔一一零四年〕崇寧算學令：「諸學生習……並曆算、三式、天文書。」，「諸試……三式即射覆及預占三日陰陽風雨。天文即預定一月或一季分野災祥，並以依經備草合問為通。」

金代司天臺，從民間「草澤人」（即民間習術數之士）考試選拔：「其試之制，以《宣明曆》試推步，及《婚書》、《地理新書》試合婚、安葬，並《易》筮法，六壬課、三命、五星之術。」（《金史》卷五十一・志第三十二・選舉一）

元代為進一步加強官方陰陽學對民間的影響、管理、控制及培育，除沿襲宋代、金代在司天監掌管陰陽學及中央的官學陰陽學課程之外，更在地方上增設陰陽學之課程（《元史・選舉志一》：「世祖至元二十八年夏六月始置諸路陰陽學。」）地方上也設陰陽學教授員，培育及管轄地方陰陽人。（《元史・選舉志一》：「（元仁宗）延祐初，令陰陽人依儒醫例，於路、府、州設教授員，凡陰陽人皆管轄之，而上屬於太史焉。」）自此，民間的陰陽術士（陰陽人），被納入官方的管轄之下。

至明清兩代，陰陽學制度更為完善。中央欽天監掌管陰陽學，明代地方縣設陰陽學正術，各州設陰陽學典術，各縣設陰陽學訓術。陰陽人從地方陰陽學肄業或被選拔出來後，再送到欽天監考試。（《大明會典》卷二二三：「凡天下府州縣舉到陰陽人堪任正術等官者，俱從吏部送（欽天監），考中，送回選用；不中者發回原籍為民，原保官吏治罪。」）清代大致沿用明制，凡陰陽術數之流，悉歸中央欽天監及地方陰陽官員管理、培訓、認證。至今尚有「紹興府陰陽印」、「東光縣陰陽學記」等明代銅印，及某某縣某某之清代陰陽執照等傳世。

清代欽天監漏刻科對官員要求甚為嚴格。《大清會典》「國子監」規定：「凡算學之教，設肄業生。滿洲十有二人，蒙古、漢軍各六人，於各旗官學內考取。漢十有二人，於舉人、貢監生童內考取。附學生二十四人，由欽天監選送。教以天文演算法諸書，五年學業有成，舉人引見以欽天監博士用，貢監生童以天文生補用。」學生在官學肄業、貢監生肄業或考得舉人後，經過了五年對天文、算法、陰陽學的學習，其中精通陰陽術數者，會送往漏刻科。而在欽天監供職的官員，《大清會典則例》「欽天監」規定：「本監官生三年考核一次，術業精通者，保題升用。不及者，停其升轉，再加學習。如能黽勉供職，即予開複。仍不及者，降職一等，再令學習三年，能習熟者，准予開複，仍不能者，黜退。」除定期考核以定其升用降職外，《大清律例》中對陰陽術士不準確的推斷（妄言禍福）是要治罪的。《大清律例·一七八·術七·妄言禍福》：「凡陰陽術士不許於大小文武官員之家妄言禍福，違者杖一百。其依經推算星命卜課，不在禁限。」大小文武官員延請的陰陽術士，自然是以欽天監漏刻科官員或地方陰陽官員為主。

官方陰陽學制度也影響鄰國如朝鮮、日本、越南等地，一直到了民國時期，鄰國仍然沿用着我國的多種術數。而我國的漢族術數，在古代甚至影響遍及西夏、突厥、吐蕃、阿拉伯、印度、東南亞諸國。

術數研究

術數在我國古代社會雖然影響深遠，「是傳統中國理念中的一門科學，從傳統的陰陽、五行、九宮、八卦、河圖、洛書等觀念作大自然的研究。……傳統中國的天文學、數學、煉丹術等，要到上世紀中葉始受世界學者肯定。可是，術數還未受到應得的注意。術數在傳統中國科技史、思想史，文化史、社會史，甚至軍事史都有一定的影響。……更進一步了解術數，我們將更能了解中國歷史的全貌。」（何丙郁《術數、天文與醫學中國科技史的新視野》，香港城市大學中國文化中心。）

可是術數至今一直不受正統學界所重視，加上術家藏秘自珍，又揚言天機不可洩漏，「（術數）乃吾國科學與哲學融貫而成一種學說，數千年來傳衍嬗變，或隱或現，全賴一二有心人為之繼續維繫，賴以不絕，其中確有學術上研究之價值，非徒癡人說夢，荒誕不經之謂也。其所以至今不能在科學中成立一種地位者，實有數困。蓋古代士大夫階級目醫卜星相為九流之學，多恥道之；而發明諸大師又故為惝恍迷離之辭，以待後人探索；間有一二賢者有所發明，亦秘莫如深，既恐洩天地之秘，復恐譏為旁門左道，始終不肯公開研究，成立一有系統說明之書籍，貽之後世。故居今日而欲研究此種學術，實一極困難之事。」（民國徐樂吾《子平真詮評註》，方重審序）

現存的術數古籍，除極少數是唐、宋、元的版本外，絕大多數是明、清兩代的版本。其內容也主要是明、清兩代流行的術數，唐宋以前的術數及其書籍，大部份均已失傳，只能從史料記載、出土文獻、敦煌遺書中稍窺一鱗半爪。

術數版本

坊間術數古籍版本，大多是晚清書坊之翻刻本及民國書賈之重排本，其中豕亥魚魯，或而任意增刪，往往文意全非，以至不能卒讀。現今不論是術數愛好者，還是民俗、史學、社會、文化、版本等學術研究者，要想得一常見術數書籍的善本、原版，已經非常困難，更遑論稿本、鈔本、孤本。在文獻不足及缺乏善本的情況下，要想對術數的源流、理法、及其影響，作全面深入的研究，幾不可能。

有見及此，本叢刊編校小組經多年努力及多方協助，在中國、韓國、日本等地區搜羅了一九四九年以前漢文為主的術數類善本、珍本、鈔本、孤本、稿本、批校本等數百種，精選出其中最佳版本，分別輯入兩個系列：

一、心一堂術數古籍珍本叢刊

二、心一堂術數古籍整理叢刊

前者以最新數碼技術清理、修復珍本原本的版面，更正明顯的錯訛，部份善本更以原色精印，務求更勝原本，以饗讀者。後者延請、稿約有關專家、學者，以善本、珍本等作底本，參以其他版本，進行審定、校勘、注釋，務求打造一最善版本，供現代人閱讀、理解、研究等之用。不過，限於編校小組的水平，版本選擇及考證、文字修正、提要內容等方面，恐有疏漏及舛誤之處，懇請方家不吝指正。

心一堂術數古籍 珍本/整理 叢刊編校小組

二零一三年九月修訂

房分宮位圖

五　房

一　三

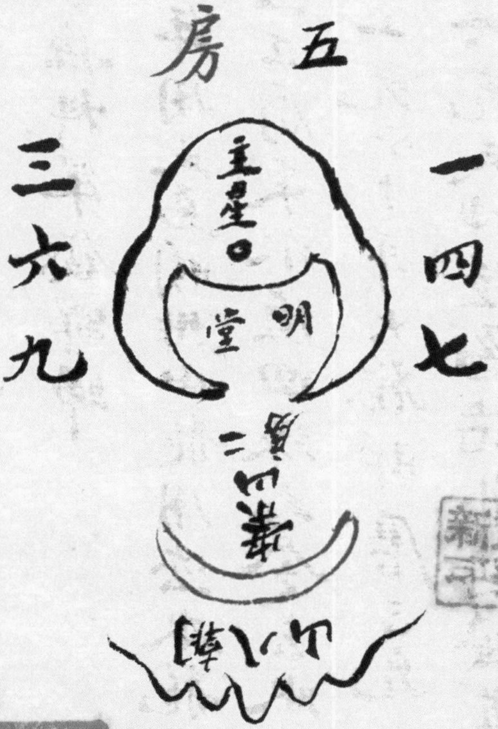

乾峯乾叢穴之乾　穴後叢將玉枕眠　艮丙辛兮
成大局　子孫科第發綿綿
下元甲子戌二十年用之為順排山龍用淥水龍必倒排
此壬子癸三山正局來水值四綠之令去水值六
白之令不但上元六十年大發即歷三元之久
常有餘慶此先天坤位為諸卦之母其力
最學
山龍順排在下元水龍倒排在上元

艮丙辛局

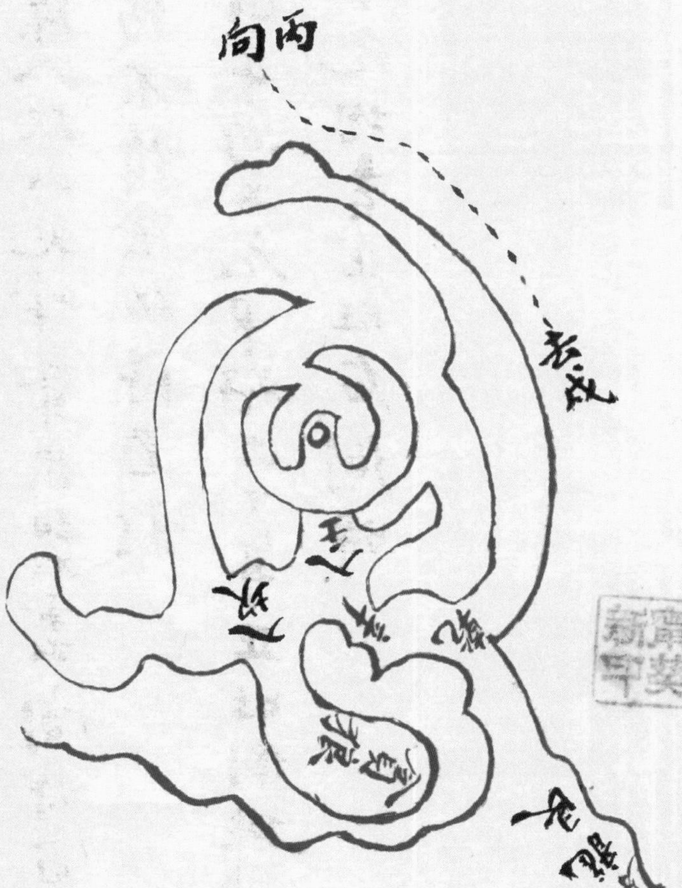

乾祖湾環入坎山乾峰聳出碧雲間時當一
白丁財秀不積陰功得者難
水龍子山午向上元甲子二十年正旺倒排
此山龍下元均吉正旺右衙時

午酉丑局

左局丁向左輔星在上元一白時用之為倒排
水龍癸山龍癸在下元八白時用之為順排山
龍癸水龍癸以激局排旁所栽均是倒排其順
排訣做於坐山上龍神不下水水裡龍神不上山
癸山丁向上元甲子戌二十年倒排水龍吉
丁水出亥口 金雞把水口 有人葬得中 代
代官不朽 山龍下元八白時正旺順排

寅庚丁大局

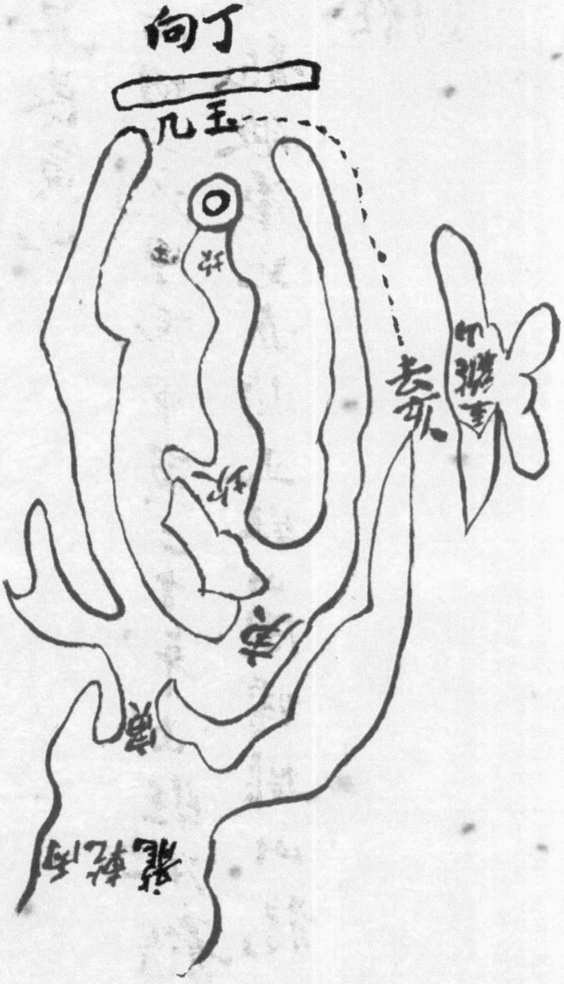

左局丙午丁三向乃上元坎宮之變局也龍向同
前城門丑艮寅也
壬山丙向上元甲辰甲寅二十年正旺水龍
癸山龍破軍七赤時正旺山囚順排山龍
大癸

艮丙辛大局

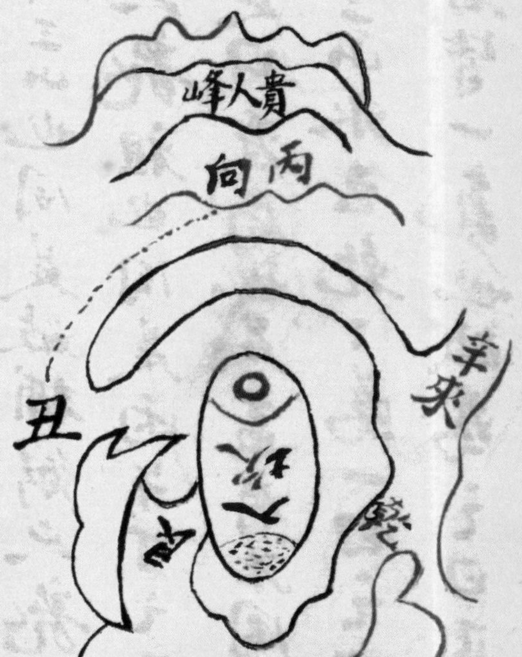

同是壬子癸三山也同是破補弼之龍局也同是戌乾亥之龍祖也同是丙午丁之三向也然何從而別之曰度局也是蓋有不同者在焉何也正局三山水去乾之為一句之催官且龍向水三者皆一氣也故為之曰正局識哉所謂正局也

水龍倒排　上元一白皆正旺山龍順排九紫皆正吉

午酉丑局

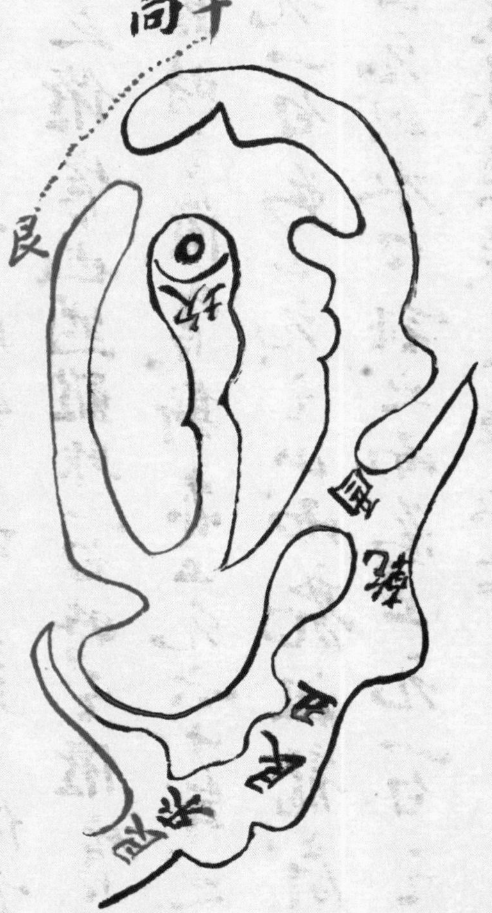

夫變局其水去於丑艮寅也艮乃三碧之催官非一白時之催官也然雖非一白時之催官而為三碧時之催官斯亦上元六十年之發迹也況一白為上元之山而發祖龍局同是屬上元以水口証之而為上元一白之變局雖然其無疑矣後倣此

寅庚丁局

右局丑艮寅三向乃上元坤之宮之正局也皆
震龍作祖合午酉丑艮丙辛寅庚丁之大
局也城门庚酉辛也
未山丑向上元甲午坤二十年
此局山水撲量午酉丑水龍倒排上元二黑時
正旺山龍下九紫時大發山用順水用逆山水分用
之法即山管亏水管水亏山有山之陰阳與水不同

午酉丑大局

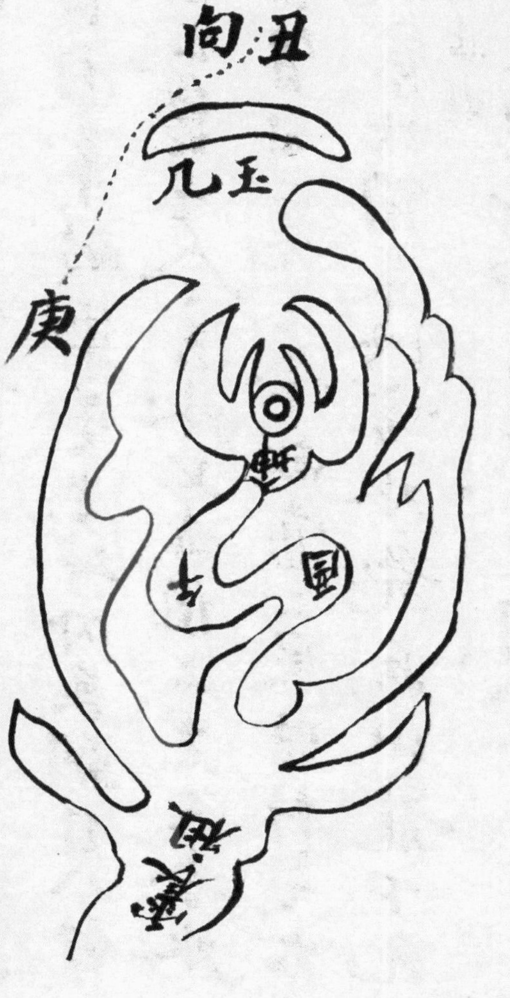

紫坤申三山之正局龍祖從天震卦出脈然
龍局艮丙辛破軍星坐坤向艮朝白八白
而來值三碧之令亥水七赤值二黑之令水
之來去皆旬上元之令故當二黑時扦之大
發人財富比陶朱此言水氣於山龍下元
七赤時正旺
水龍坤山艮向上元甲申午二十年二黑司令
巨門原是巨富星震祖龍來一氣清風樹源流
归葬蓋時值二黑產黃金

艮內辛局

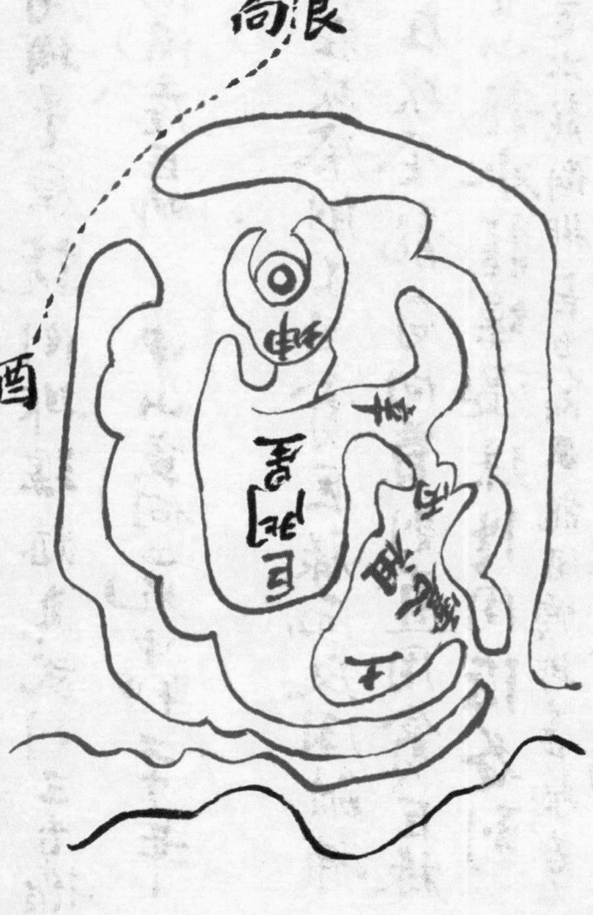

時值二黑用輔星原說倒排蹤跡真武列三吉擁（圍）

龍駕辛水除流處巨卿　申山寅向兼甲申午二千年

二黑司令

倒排如旺氣在坎癸倒不用貪巨祿而反用破輔

遡順排旺在坎癸龍局向首則直用貪巨祿

之旺氣此言山龍水龍燥濕殊性用法各別

注：辨正一書言水龍倒排甚多而山龍用順排甚驗若不

明此山水二龍混用其法必須不驗反致災禍

山龍下元八白時正旺水龍二黑下元正旺

寅庚丁局

左局丑艮寅三向乃坤宮之變局也龍局如前

城門丙午丁也

來山丑向上元甲午甲二黑時正吉水龍倒排

山龍下九紫時旺盛順排

午酉丑變局

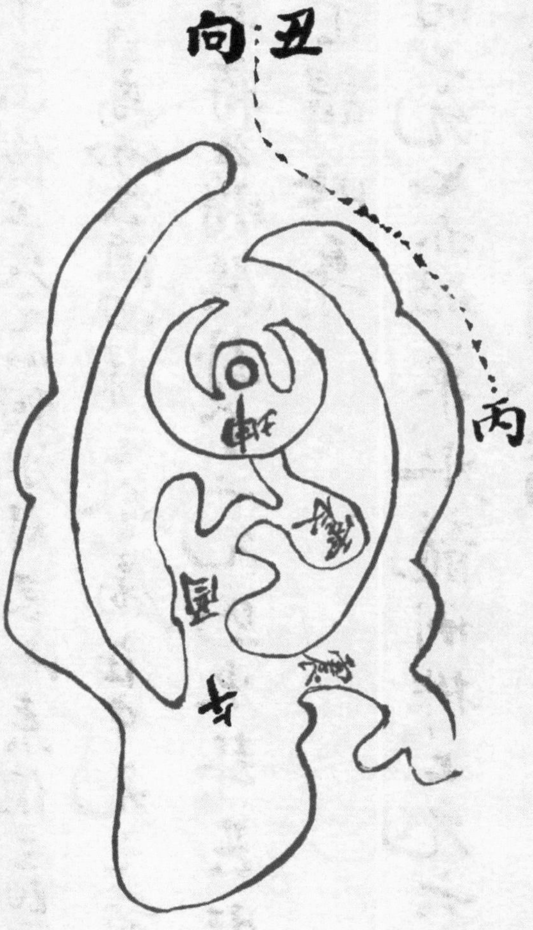

此案坤申三山係上元之山朝水自艮而來值三碧之令水口自离而去值四綠之令屬在中元之前三十年耳蔣公將巽卦分上元為東卦其旺九十年正謂此耳

坤山艮向上元七赤破軍水龍倒排上元六十年均吉正旺二黑司令皆山龍下元順排六十年大吉正旺八白司令時

艮丙辛變局

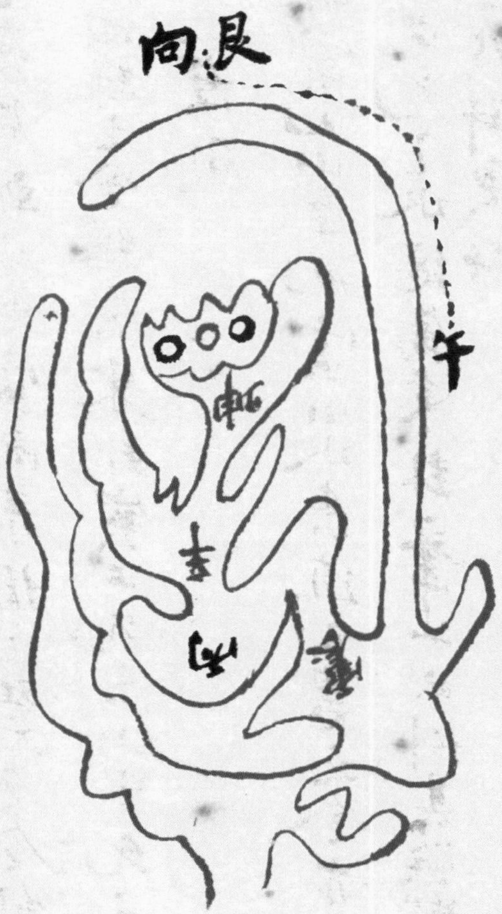

此二黑之變局朝水自寅而來值三碧之令自丁
而去值四綠之令總屬東卦實上元之山中元之水
也故謂之變局
對面蛤形實乙山辛向寅山水來值三碧之令亦是
上元之山中元之水總屬東卦舉一以例其餘斷
云竹外一枝斜更好
此水龍倒排正非上元二黑司令時
山龍順排正在下元八白司令時

寅庚丁變局

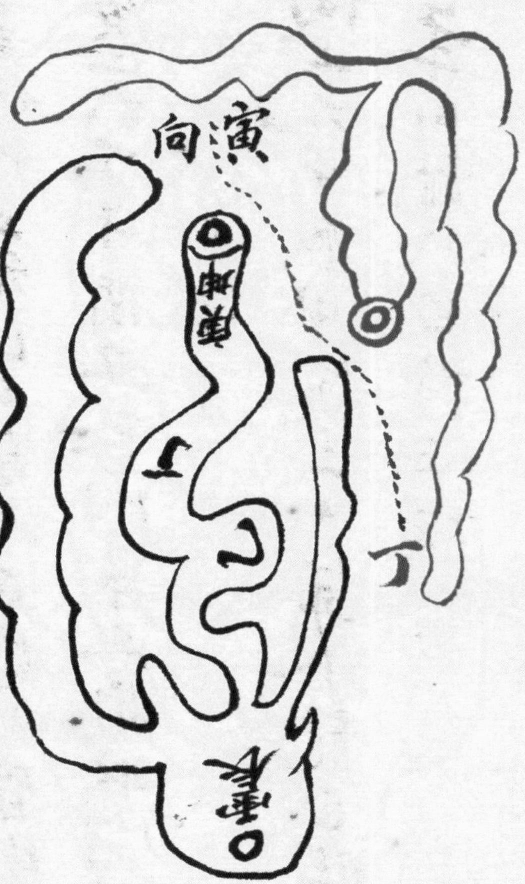

此庚酉辛三向乃上元正三宮之正局也皆坎龍作祖合庚宗丁午酉丑艮丙辛之局城門丑艮寅也

甲山庚向上元甲辰甲寅二十年水龍正旺

下元二十年山龍八白時正旺

寅庚丁局

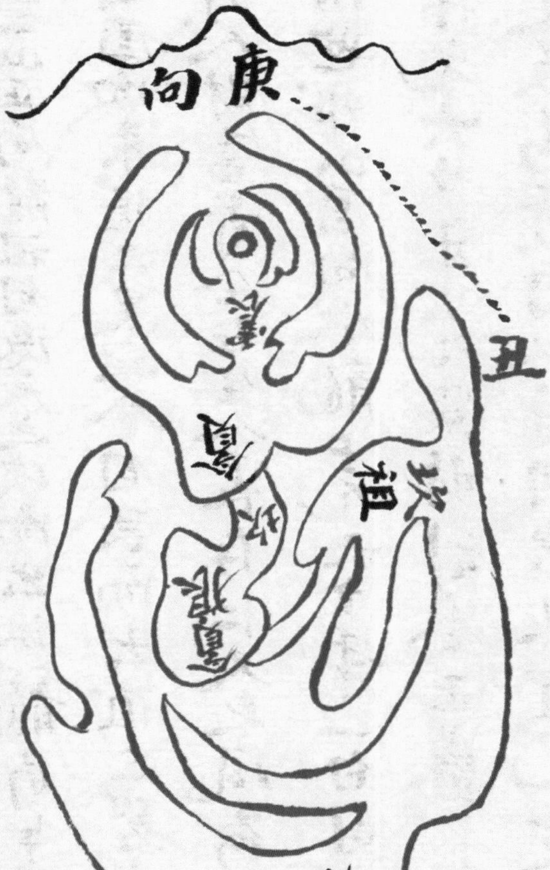

當卯乙三山正局龍祖自後天之坎而出脉龍局午酉丑局朝水自酉而來值二黑之令自艮而去值三碧之令上元三碧當時人財富貴全旺生人長存仁又之風秀氣通人和光濟世卯山酉向水龍上元六十年一白司令正盛山龍下元六十年九紫時司令正盛木星閘又最為奇酉水時朝出艮宜尤愛遠峰層數起上元得之正當時

三元挨星四十八局圖說

午酉丑局

上元震卦三爻山水撥星龍局總訣　坎劫兑

甲卯乙之山庚酉辛水朝正出丑艮寅變出戌乾亥

龍祖壬子癸龍局艮丙辛午酉丑寅丁庚上元山水

星破輔弼倒排即辨正書天玉經云北斗七星

去打劫離宮要相合二語倣此　水星武破弼城門

乙山辛仍水龍上元六十年吉正旺三碧司令山龍下

元六十年吉正旺七赤司令

丙辛坎艮一家同妙得辛江流入東自是三元稱吉宅乃文乃武永無窮

艮丙辛局

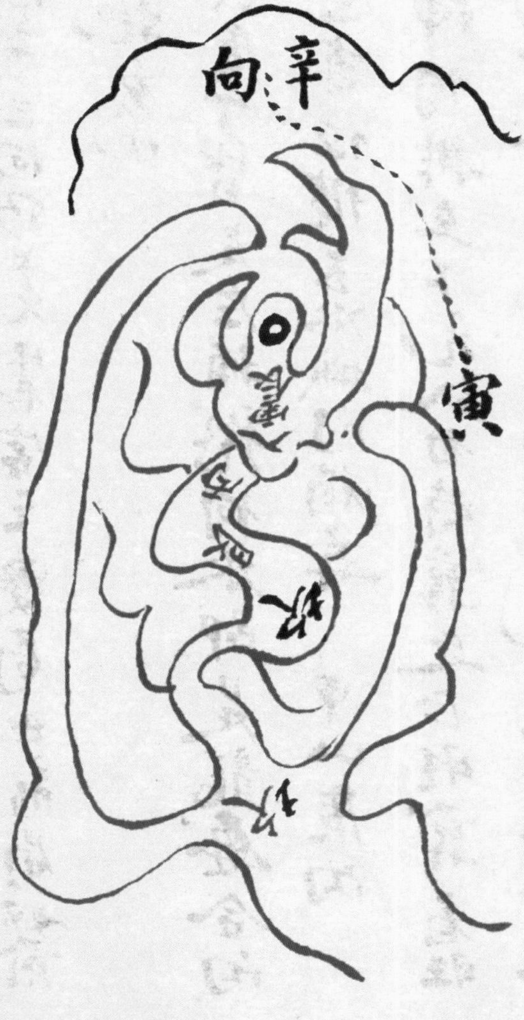

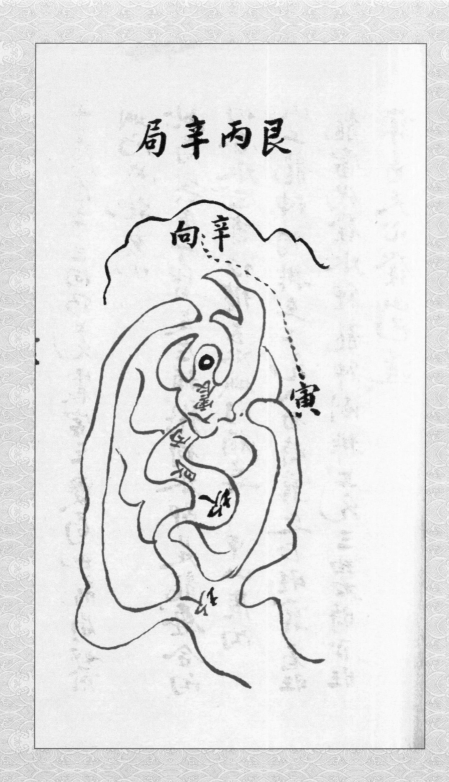

左庚酉辛三向乃上元震宮之變局也龍局如前
城门戌乾亥也
此局賓庚丁皆是左輔龍何水即是龍要合向
仍合水三吉位推去水城门稍异　甲山庚向
山上龍神順排左下元八白時葬之正旺葬着旺
龍當代發水裡龍神倒排上元三碧時正旺
葬着天心發山已遲

寅庚丁正局

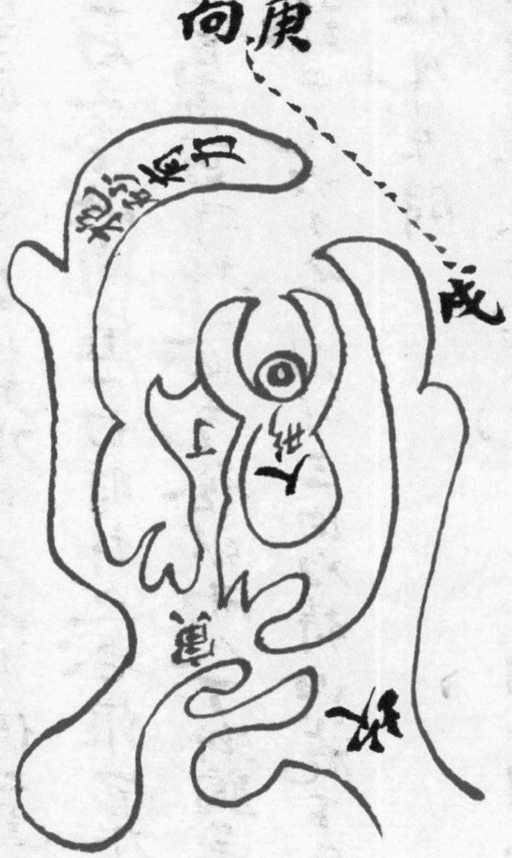

此乃甲卯乙三山之變局也於水自兌而來值二黑之令自乾而去值一白之令此局宜一白時扦之合催官水法乾為一白時之催官當一白時扦之必先發財而人丁漸顯矣

卯山酉向水從上元六十年正旺三碧時山從下元六十年正旺九紫時

此山形勢最堪誇又兼理氣七不差內外明堂俱秀麗人間富貴第一家

午酉丑局

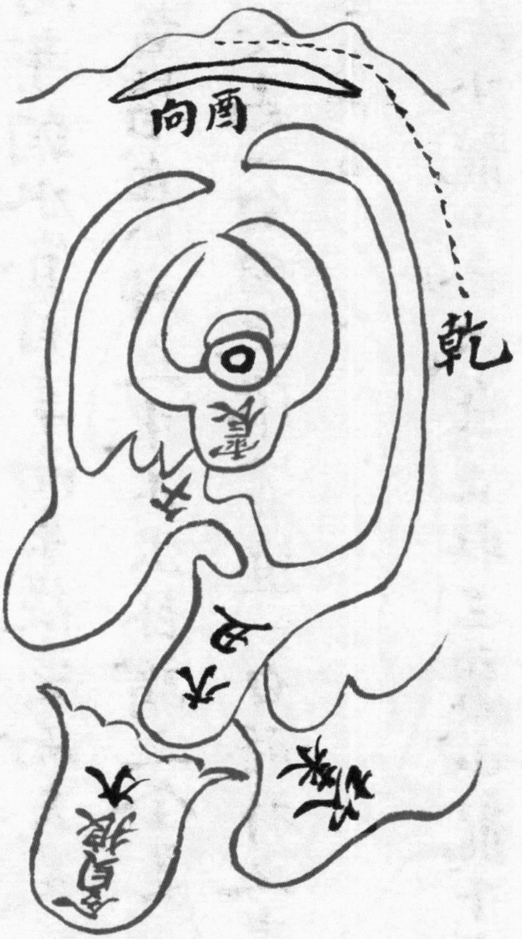

此乃三碧時之變局以八神論之龍祖自癸出脈龍局艮丙辛朝水宜自辛而來從亥而去是龍向水三者皆在八神之中不出卦謂之全美但水口出亥為一白時之從官宜一白時扦之吉其說指水龍而言

乙山辛向水龍上元六十年正旺三碧山龍下元六十年正旺七赤

艮丙辛正局

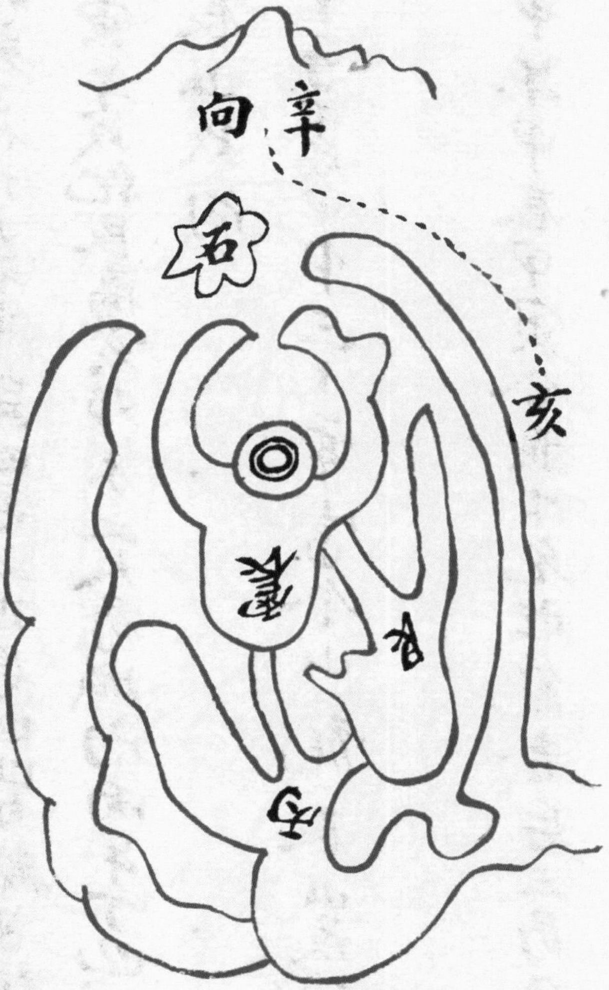

左戌乾亥三向乃上元甲巽四宮之正局也皆離艮龍
作祖合寅午戌乾艮离亥卯未之大局城門丙午丁也
水龍辰山戌向
中元甲子甲戌甲申三十年當令山龍辰山戌補
鄉文
中元甲午甲辰甲寅合並下元旺氣吉后三局合

寅午戌局

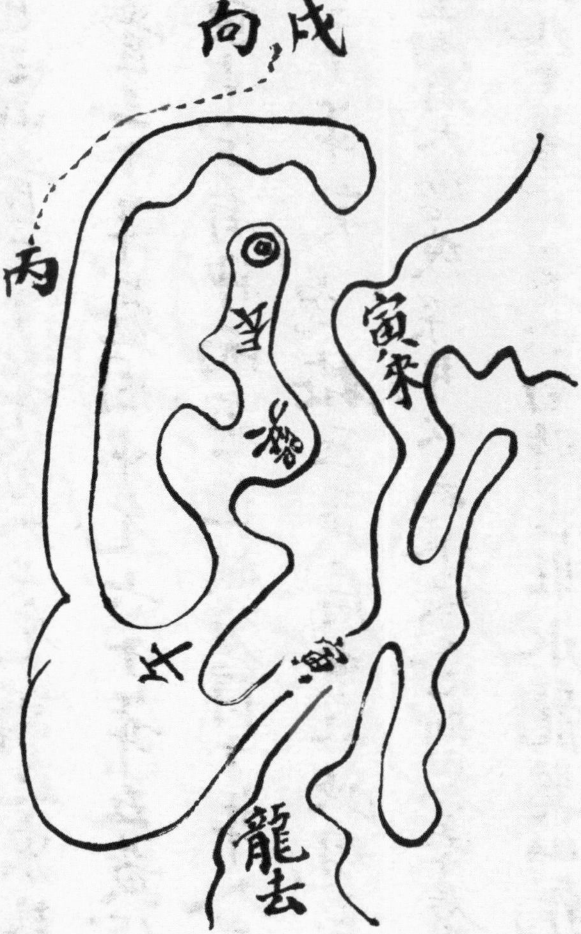

此辰巽巳三山管三十年分入上元謂之東卦何巽宮管三十年蓋因中元六十年五黃佔二年五黃中宮有神而無位故分得十年入巽宮而有三十年矣　愚按五黃居中以此觀之巽乾兩山明堂內有大塘或深井以為水聚天心斯正合五十居中之象山龍西卦九十年均吉六句時正旺水龍巽山乾內水去午中元甲子甲戌甲申四綠司令

乾艮離局

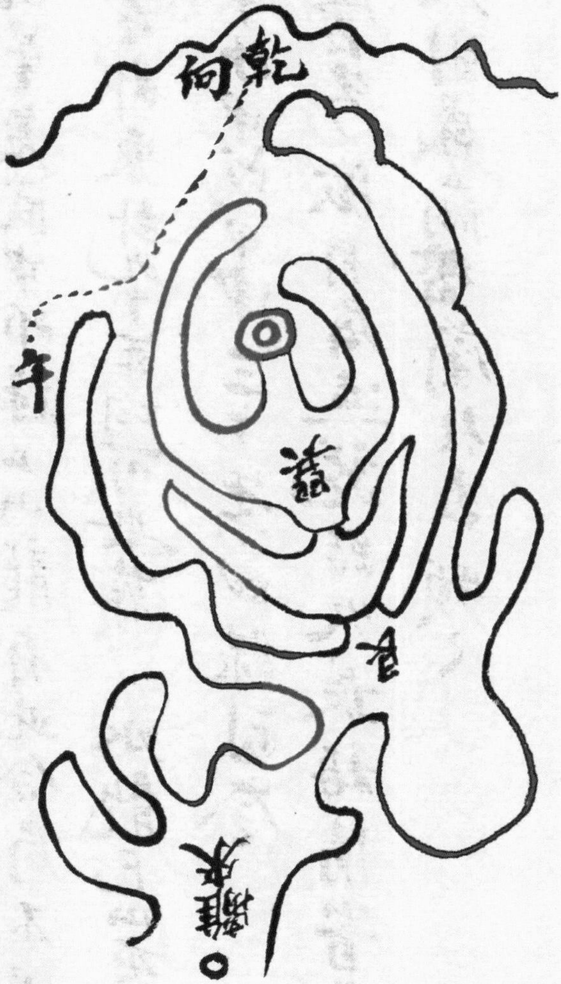

此局山星雙武中卯祿上山龍有此合局不但
中元吉即東卦九十年均可安葬　水龍巳山亥向
中元甲子甲戌甲申三十年四綠司令
前有官旁激有屏遮龍結穴最稱情旨當
中元人財盛滿增蘭桂秀頻〻

亥卯未局

左戌乾亥三向乃上中巽宮之變局也皆艮兌作祖合寅午戌乾艮離亥卯未之大局城門庚酉辛也

辰山戌向

水龍中元前三十年合并下元九十年均吉山龍中元后三十年合并下元九十年俱均吉

寅午戌局

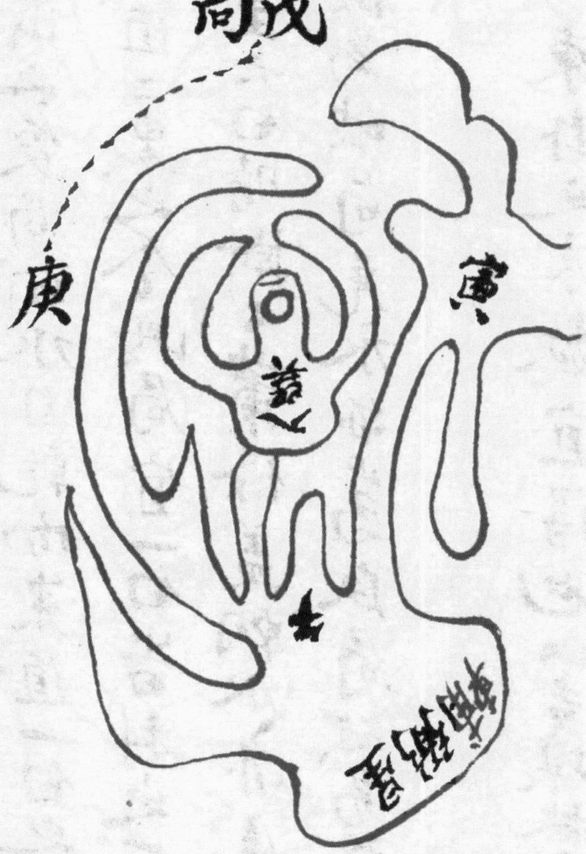

此辰巽巳三山之變局朝水自乾而來值一白之令自酉而去值二黑之令此局宜一白當權之一白二黑能發至六白時漸〻蕭條盖朝水亦属中元之水似為破局見水外為良局故易發而易敗耳

此三山於東卦之末數宜得他山吉壤救之

水號巽出號向中元上三十年四綠司令兼五黃

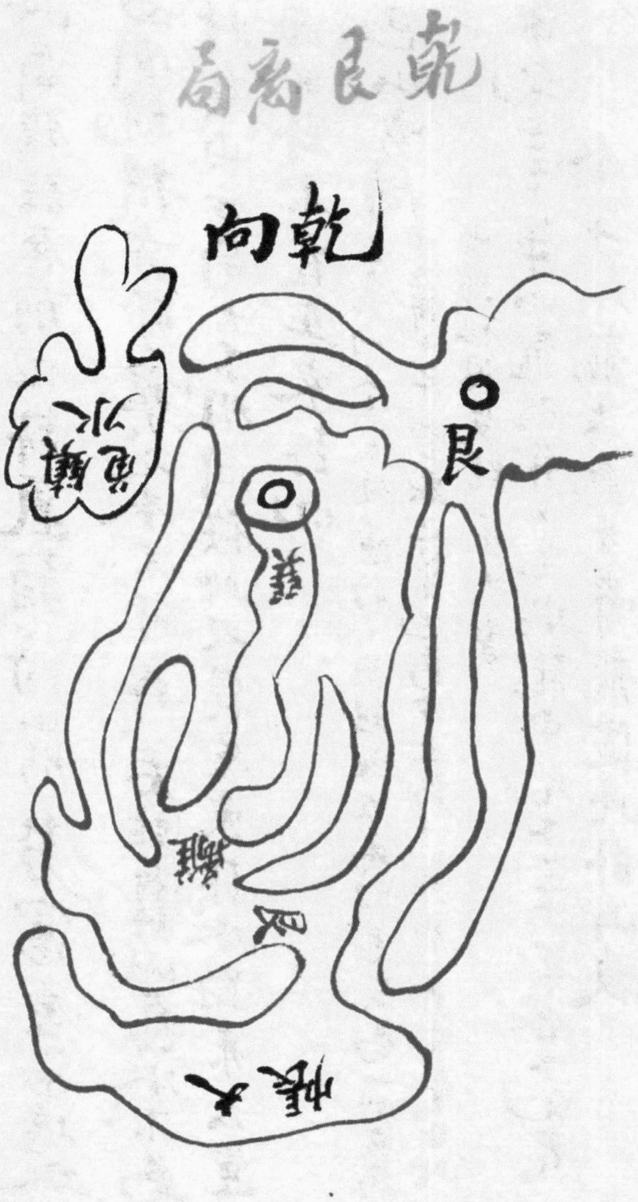
乾艮兼局
乾向
艮

此局聽註在前但卦氣弱得山形勢富厚田塘水
四圍繞拱方可葬之本不可棄若非真山真水不為
特葬此局大不相同按此以巽屬東卦水路來去宜
西四卦不宜在東卦也

巳山亥向巳亥丙壬為太極運行之樞紐故以東歸辰巽為一例亥為中五前十年管氣之星巳為中五後十年管氣之星○此出楊旭明羅經第六層

中元上二十年山龍旺并上元水龍中元下二十年合下元吉

个字行龍秀氣多貴龍從此卧山坡
重重起伏抱入穴下後神童便登科

亥卯未局

亥向

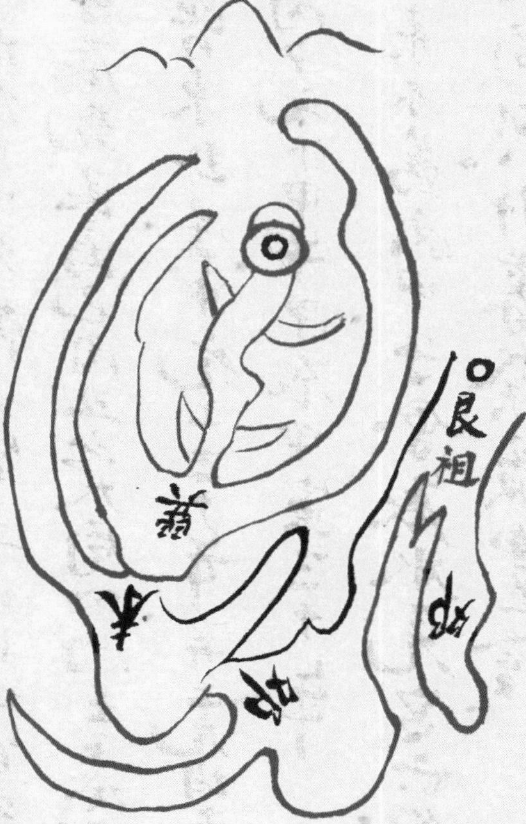

左辰巽巳三向乃中下元乾六宮之正局也皆兑龍
作祖合申子辰乾艮爲巳酉丑之大局城門壬子癸也
山龍申子辰皆東卦星中元上二十年并上元均吉
水龍戌山辰向中元下甲午甲辰甲寅三十年
天罡水來不爲逆申子會辰水兑宮六白若
逢此格局朝於暮發最豐隆

龍局申子辰

辰向

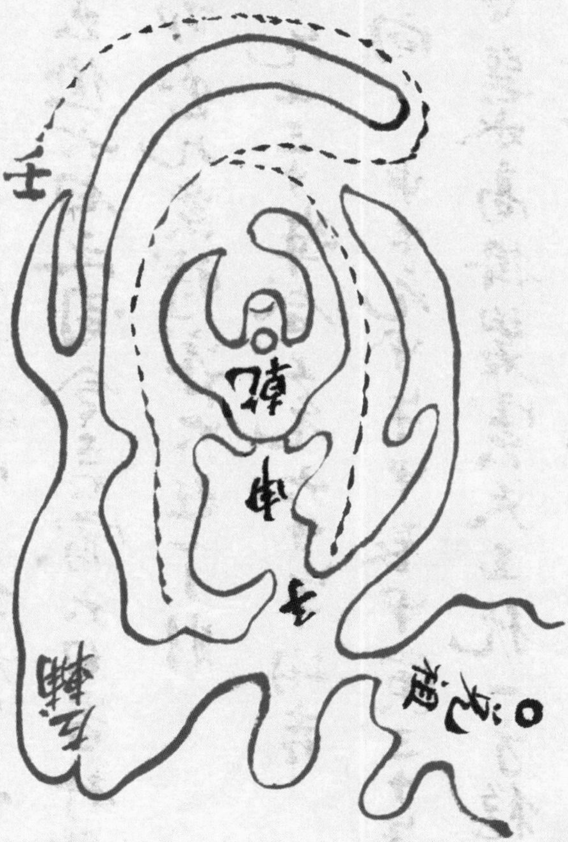

戌乾亥三山正局朝水自巽而來值九紫之令水口自坎而去值六白之司令若當六白皆拚之

大發科甲即至九紫時亦大旺丁財

水龍倒排中元上三十年合上元六十年均吉

山龍乾山巽向　中下元甲午甲辰甲寅三十年合下元吉

巽水高掛碧君雲天玉枕一方穩靠

乾宮殿水流繞帝座三元科第發綿綿

乾艮離局

巽兌坎

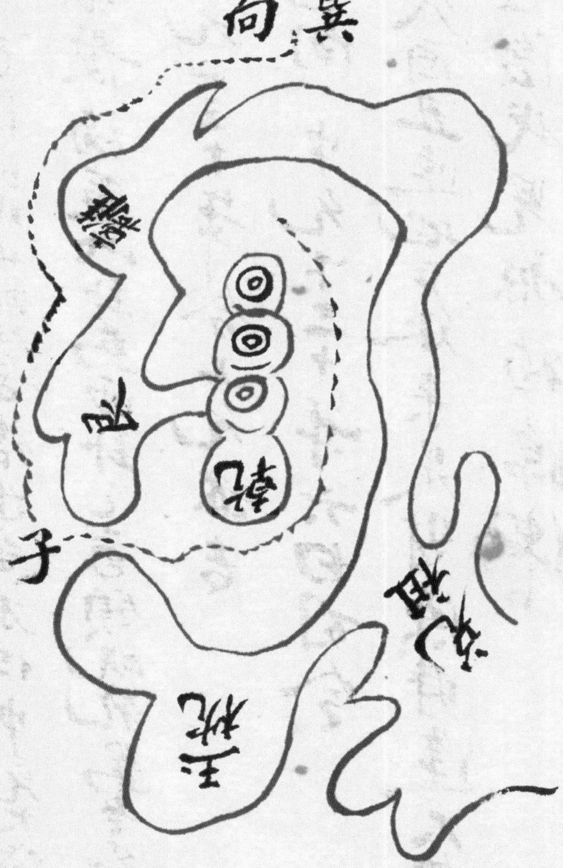

已上二局皆此局若得坤水與坎水合襟出巽不但中元大發
即歷三元亦能發福蓋此卦為西卦之首領況乾為老父也
水龍此局中元二三十年合上元亦吉
山龍亥山巳向　中元下二十年六白司令
天門坐穴酉丑連地戶水來是財源時逢不台
催官位發代兒孫福綿綿

巳酉丑局

亥爲中五前十年當旺之星
巳爲中五後十年當旺之星

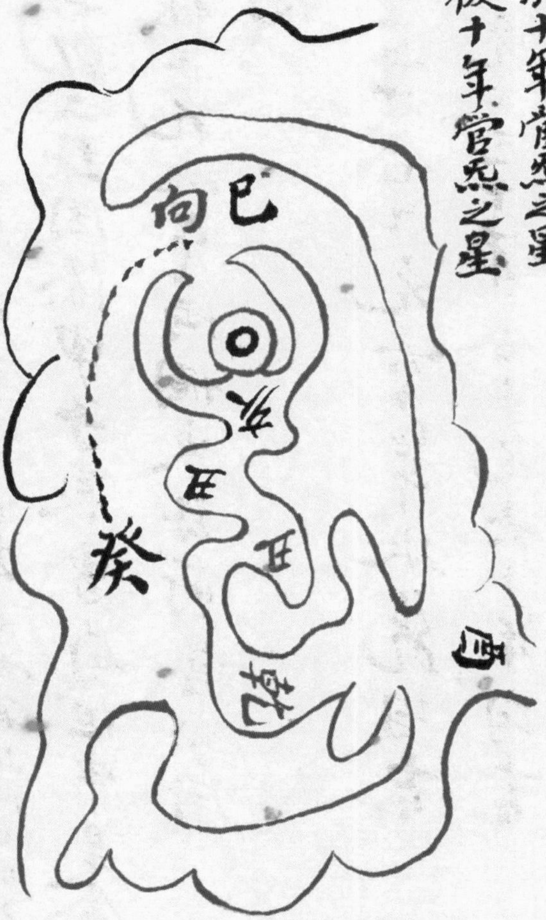

左辰巽巳三山向乃乾宮之變局也龍局如前坎門甲卯乙也

中元上巽乾二卦因添甲子辰會局但中是貪

子爲祿上元之星兩個東卦所管分用

戌山辰向

中元下三年合下元六十年水龍均吉

山龍中元上三十年合上元六十年均吉

申子辰局

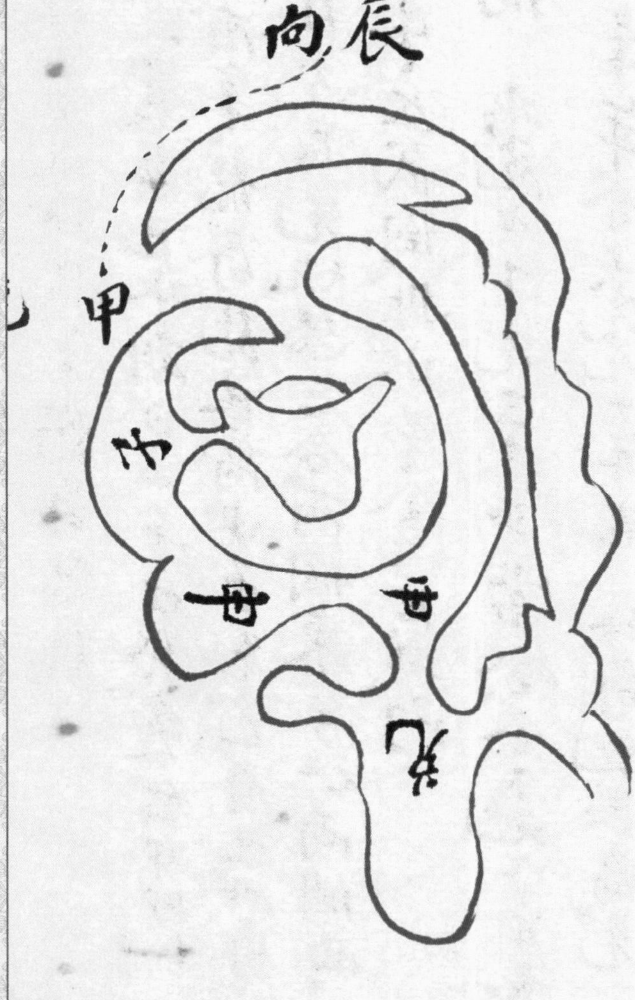

中元乾卦三爻水山換星龍局總訣

戌乾亥之山辰巽巳水朝正出壬子癸复出甲卯乙

龍祖庚酉辛龍局乾艮離申子辰巳酉丑此局

歌訣云卦分艮兌先天添三合兩個東分上元兩個西

下元回卦山星文武倒排水星貪巨城门

乾山巽向　水龍中下元三十年當令合下元九十年吉

山龍中上元三十年合上元九十年吉　此局乾艮離先

天之艮即後天之乾後天之離即先天之乾先天之靈

即後天之艮故取乾艮離為先後天一氣

乾艮離局

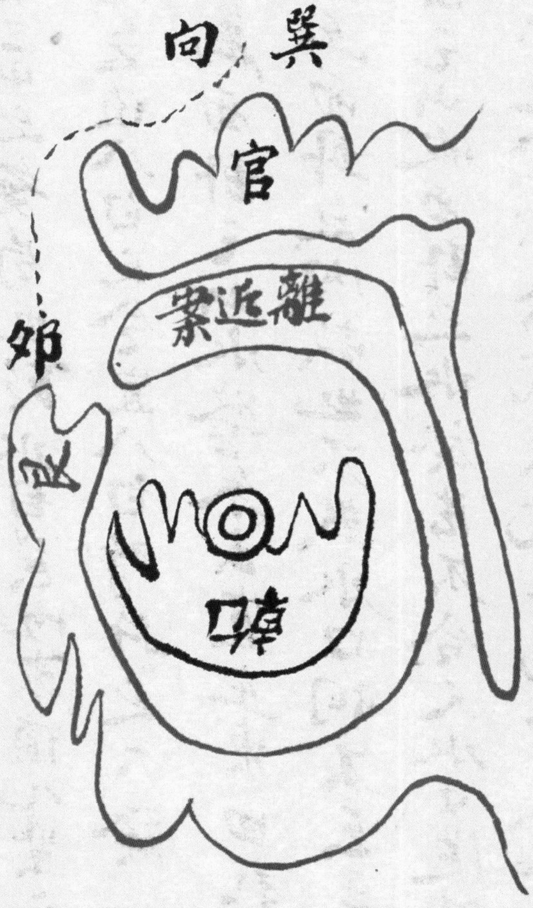

此戌乾亥三山之發局也於水自巽而來值九紫之令自震而去值八白之令宜八白時扦之大發

按此乾卦屬西卦之山水路來去宜在東四卦之內不宜在西卦之內故也不然水口胡不云兌乎以西卦之山收西卦之水於法不合又水口從坤而去值七赤之令秘數賊云風行地而硬直難當室有欺姑之婦仍是山水純陽主男人能權

巳酉丑局

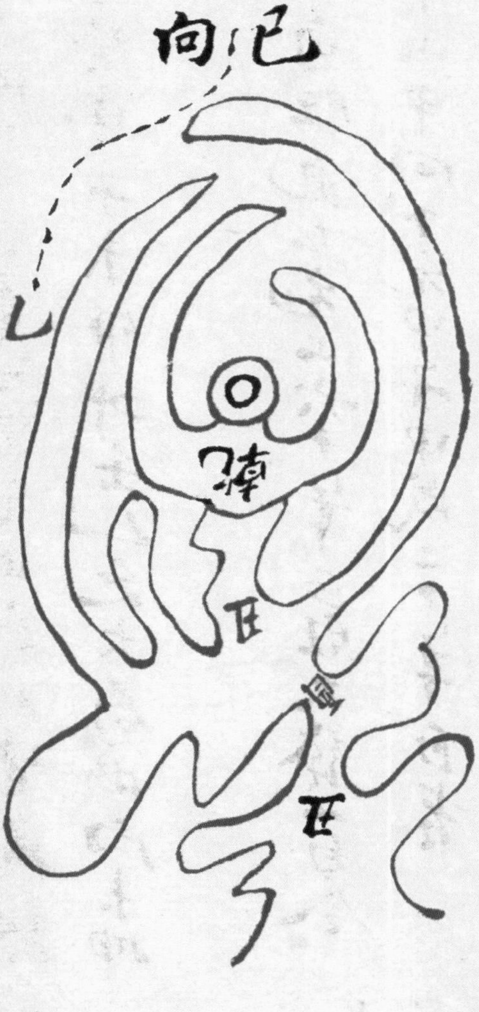

左甲卯山三向乃下元兌七宮之正局也皆為統神合甲癸申子未卯坤壬山之大局城門未坤申也

山統此局旺氣在兌上六十年正旺大發一白令水統庚山甲向下元甲子甲戌二十年正吉

兒趣莫言不可當得元得運最猛良有文有武稱君宦代代兒孫福祿長

七赤水統五
震山統五兌

甲癸申局

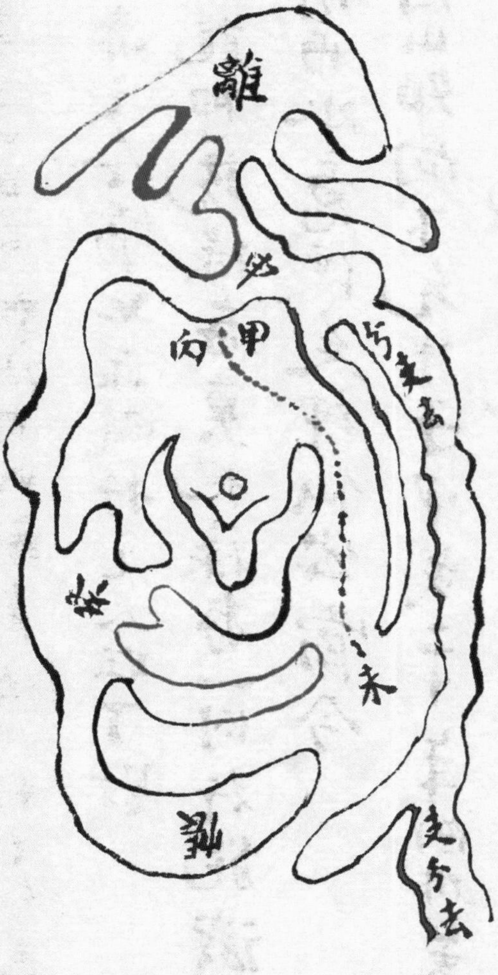

此庚酉辛三山正局朝水自卯向來值八白之令去
坤值七赤之令當七赤時於之大旺丁財
山水龍神認祿存莫把祿存一例行能識
山情與水意便是神仙出當令
水龍酉山卯向下元甲子甲戌二十年倒排正吉
山龍此局旺氣在上元六十年三碧名司令

子卯未局

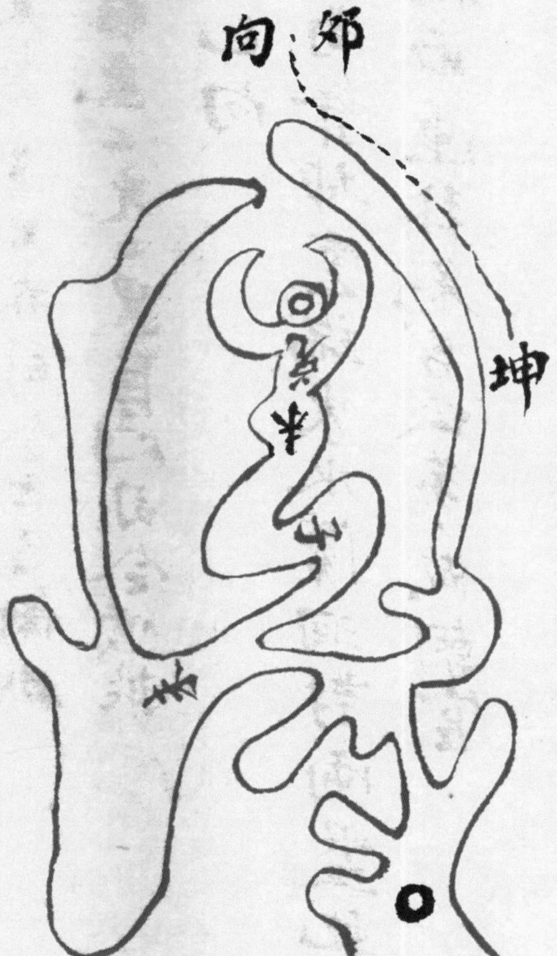

水龍天心下元七赤司令正吉倒排

山龍旺氣上元二黑巨門司令順排

辛山乙向

東山高聳插雲端東水瀠洄對兩盤乾兑

艮鶴西運卦魁名攻第做朝官

坤壬乙局

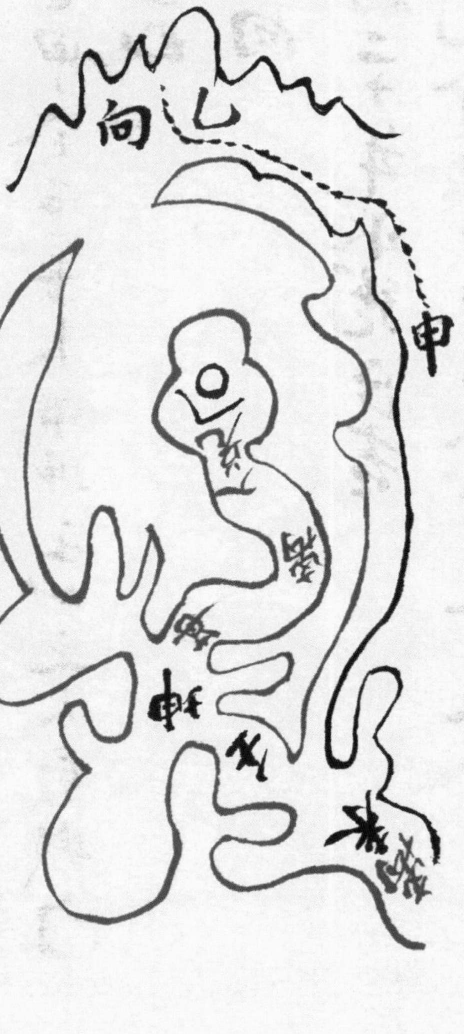

左甲卯乙三向乃下元七宮之變局也皆曰離龍
作祖合甲癸申子未卯坤壬山之大局城門
辰巽巳也
庚山甲向
下元甲子二十年水龍發吉
山龍上元貪狼一白司令並之大發

甲癸申局

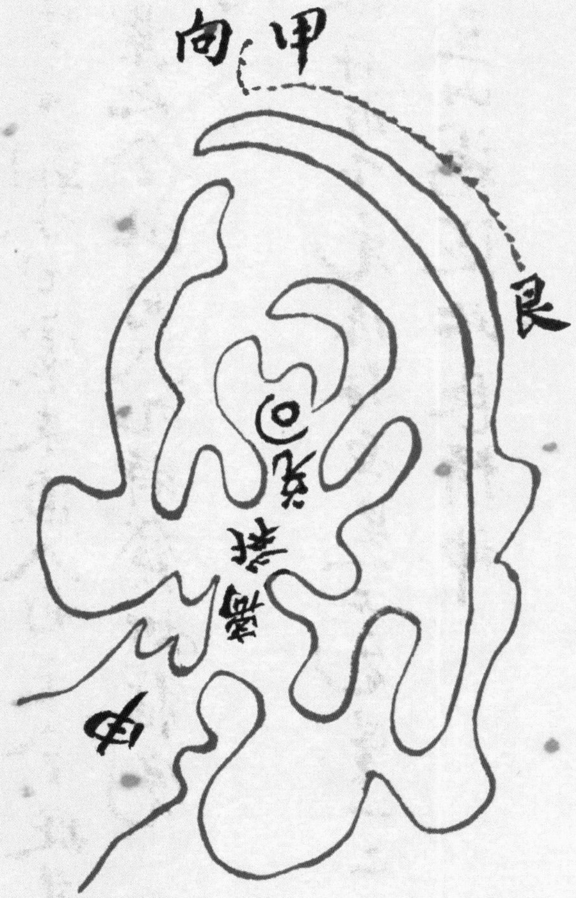

此七赤之變局朝水自震來值八白之令從巽

上去值九紫之令此局八九時發如猛虎

酉山卯向

莫說祿存旺下元祿存原是上元星一二三

四昔運至山龍遭此長精神

子未卯局

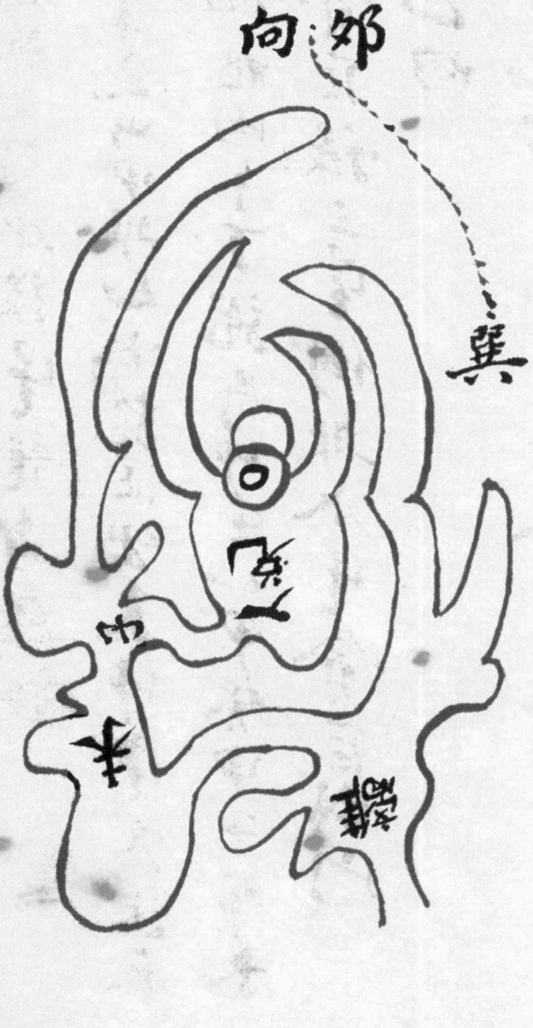

下元兌卦三山之水挨星龍局總訣

庚酉辛之山甲卯乙水歸正出未坤申發出辰

巽巳號祖丙午丁號局坤壬乙甲癸申子卯未

山星貪巨祿三星倒排水星貪巨城門

辛山乙向

水龍下元六十年七赤司令正吉

山龍上元六十年二黑司令正吉

坤壬乙向

乙向

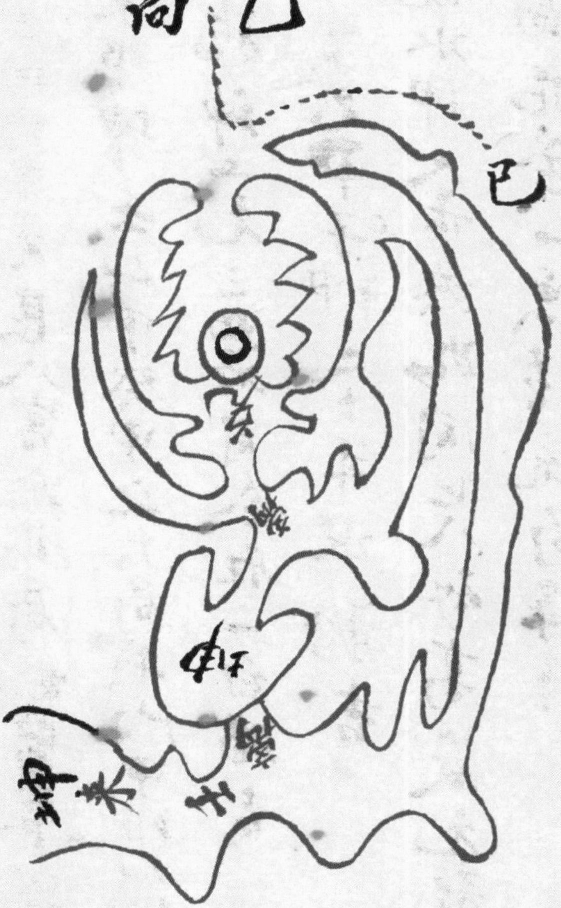

左來坤申三向乃下元艮八宮之正局也皆巽龍
作祖合子來卯坤壬山甲癸申之大局城内甲卯乙也
此局山上龍神上元三碧司令旺丁白晴吉
丑山來向　下元甲吇伸二十年水龍吉
莫說水神天來煞仍同七八砂高蔽元龍
七赤偏能發一点清流局得淨

子未卯局

未向

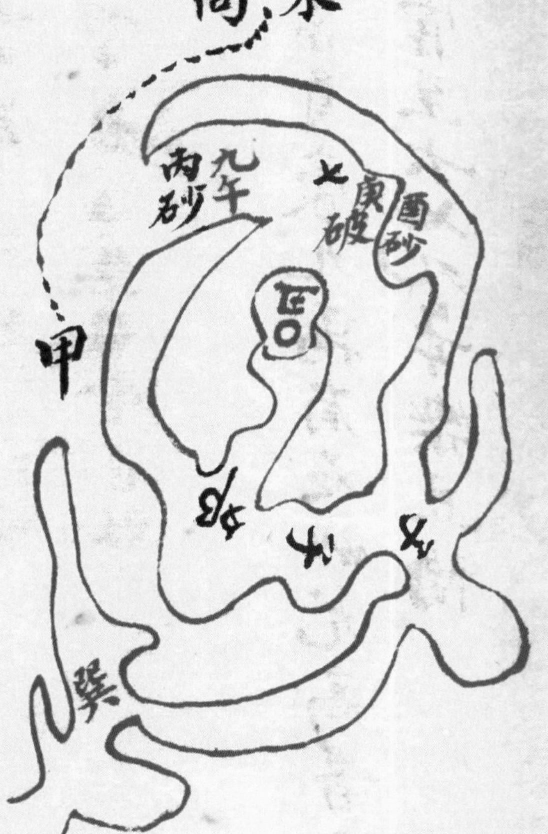

水龍下元六十年八白司令正旺
山龍上元六十年二黑司令正旺
艮山坤向
坤水特朝富貴豪九離有石砂尤高出達
七赤催官至六七九年樂且陶

坤壬乙大局

水龍倒排下元六十年八白司令正旺

山龍順挨上元六十年一白司令正旺貪狼為九星

之首領

迢迢玉印拜金箱甲癸申年入廟廊六朝

七八九离盛一二三四為平康

甲癸申局

左未坤申三向丙丁艮八宮之度局也旨巽龍作祖
合坤壬乙子未卯甲癸申之大局城門壬子癸也
丑山未向　山龍上元八白時　水龍下元六十年正旺三碧　此錯了
叁內四十八局分為三元上元一二三中元四五六下元七八九八九一
亦為三卦要與葬時合而生為吉退而衰為凶將
來着合成功共退即此謂也

子未卯局

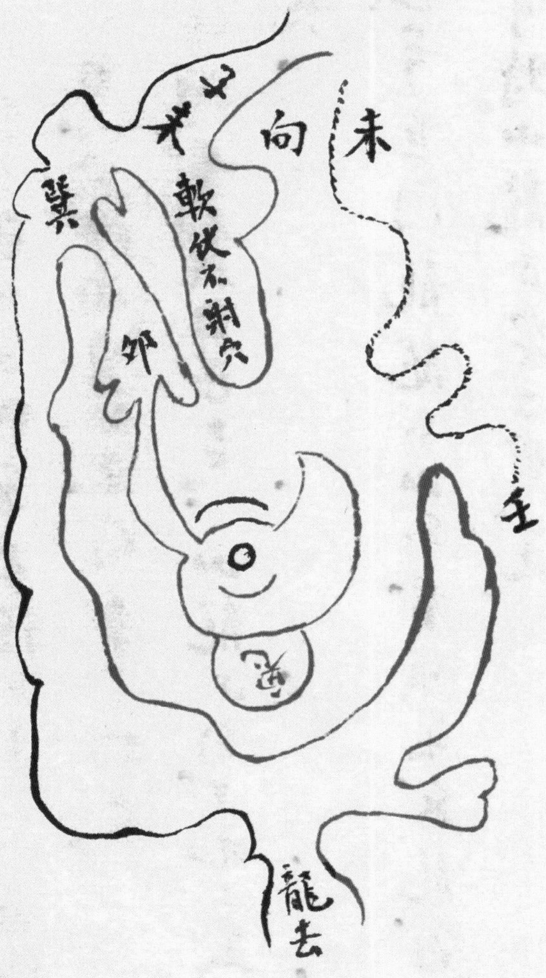

此丑艮寅三山處局朝於自坤宮來值七赤之令向坎
宮出口值六白之令此局宜七赤時墾之均吉
作龍艮山坤向　下元八白正吉　山龍此局上元二黑
正旺大發
坤壬乙辛巨门龍龍兮山兮看雌雄兮龍合
真奇特山龍正要二黑逢

坤壬乙局

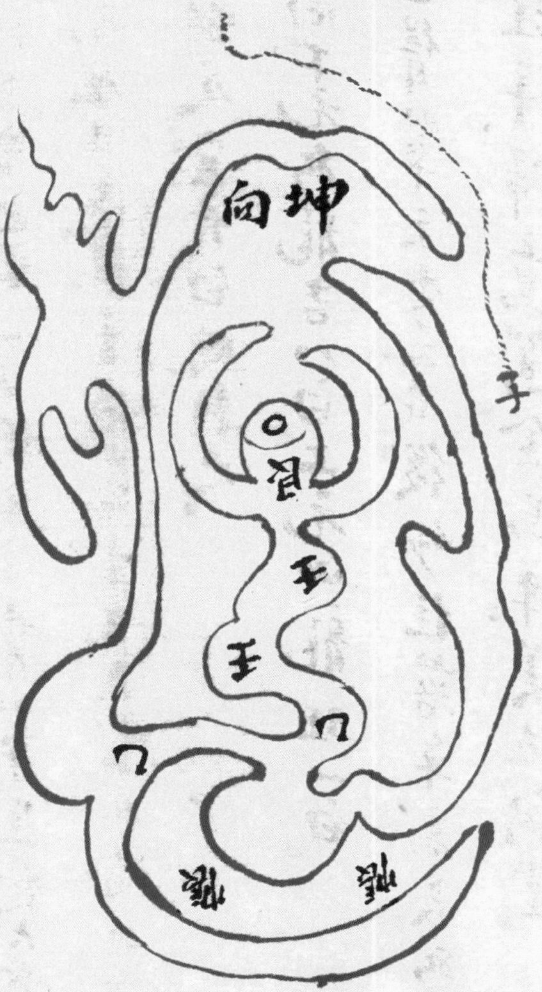

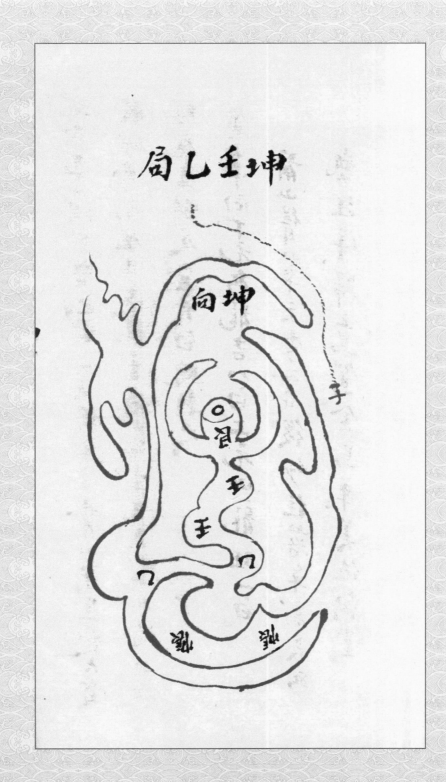

此局第一等形勢也前面文峰層層聳翠主發大貴
後砂鬼尾端正主壽堂局寬平主大富水路前後
環抱主財足宜穴白時排之
寅山申向下元水龍吉八白上元山龍旺一白
前山聳翠主秀麗後砂往出路年高長水
勢汪洋歸鸞駕金烏華美佐朝堂

甲癸申局

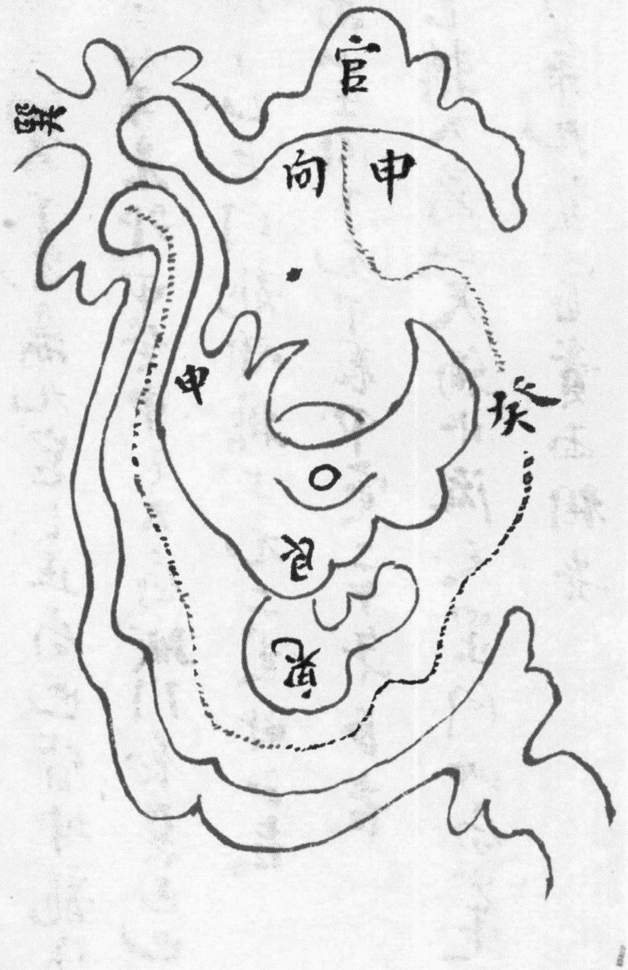

左壬子癸三向乃下元离九宫之正局也皆坤龍作
祖合坤壬乙子未卯甲癸申之大局城门辰巽巳也
山龍坤壬乙巨门龍順排上元二黑时亦吉
水龍丙山壬向下元甲辰甲寅二十年亦吉
坤祖巳轉入离山天輔水流天罡间此局少年
登科第九紫富貴兩相安

坤壬乙局

此丙午丁三山正局也朝水自坎而來值六白之令從巽而去為九紫之催官此局宜九紫時大發即六白時杆之不吉　山龍此局上元三碧時正旺　午山子向下元水龍九紫正吉

坤祖灣環入南山向水流歸巽字間時逢九紫催官貴蓋世聲名不等閑

子未卯局

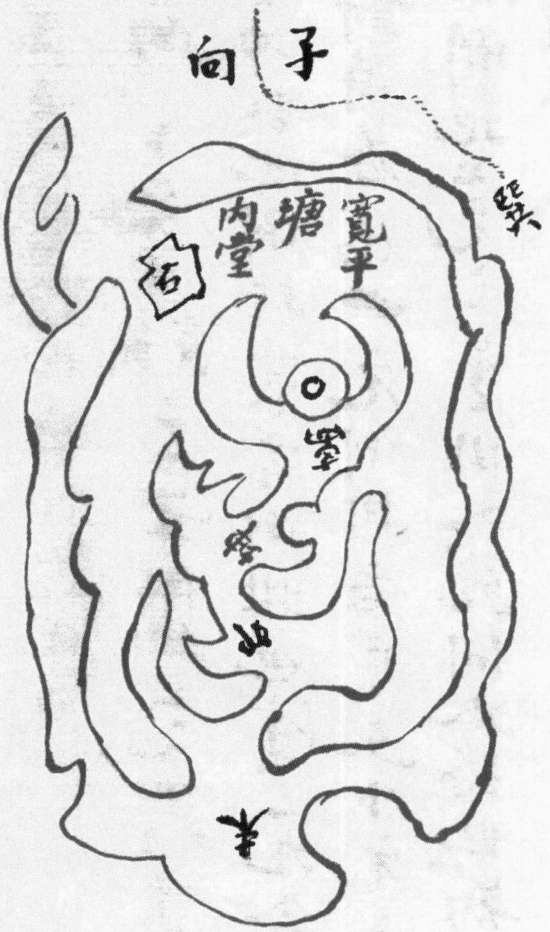

時逢九紫着貪狼慢把天心倒轉裝眉案重
遮方爲貴寬抱明堂水聚囊
丁山癸向　下元甲辰寅二十年倒排上元甲子戌順排
天心言坤卦也倒轉裝言倒排也寅一九合十
相爲對待各屬一元倒排着乃在下元之時
和山而倒把上元之星排入就何水路也知此
則知順排矣

甲癸申局

左壬子癸三向乃下元離九宮之變局也此局
如前坎門來坤申也
此局山龍上元六十年正旺二黑時　丙山壬向
以下元九紫時水龍正吉
坤入離山祖係離源前入去向前宜時當令
催官至七八九時發更奇

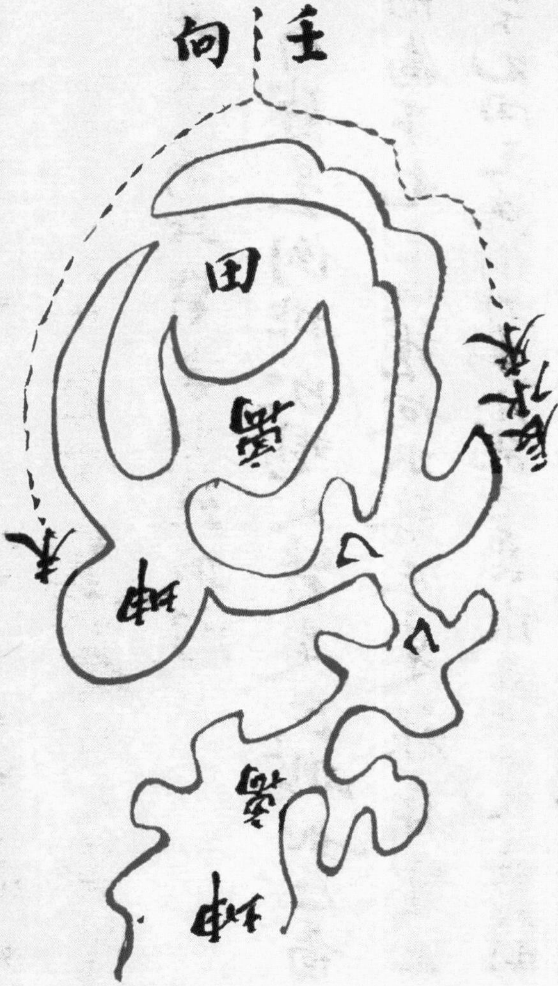
向
壬
田

此丙午丁三山變局於水自坎而來值六白之時自
坤而去值七赤之令此局宜七赤時科大發達
前斷如此書寫者皆言水龍城門
此四十八局皆是倒排反覌又皆是反挑如左圖
午山子向屬下元之山龍向水路盡是祿存實上
元之星在下元用之為倒排為水龍之真訣若在上元三碧之時
用之即是順排為山龍之真訣此一言道破
此訣最緊切莫輕傳

子未郊局

子向

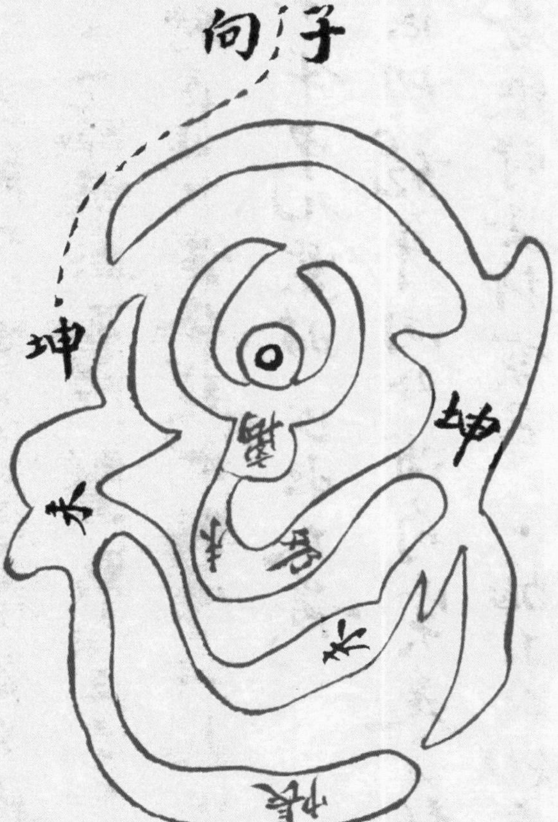

甲癸申皆是貪狼龍向水皆是一星毫無夾雜卦氣清純若是山龍順排正神到山到向上元六十年內一白時正旺大發水龍倒排零神到山到向上下元六十年中九紫時正旺大發此卷挨星俱切龍身向外纏局實是正傳分山水二龍各乘時安扦實已認驗不比他書談論挨星究不知何地也

甲癸申局

癸向

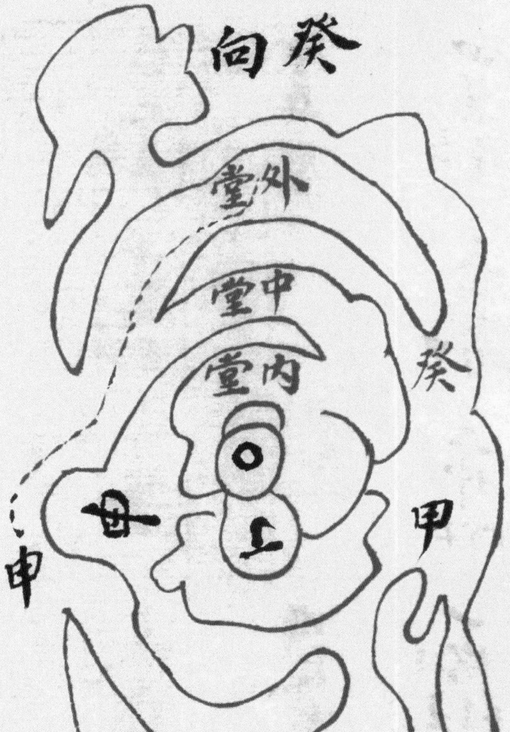

西四卦

東四卦

白武金 先天三
六乾 戌乾亥

赤破金
七兌 庚酉辛

白輔土
八艮 丑艮寅

紫弼火 三
九離 丙午丁

中五 廉火

順逆起

四巽 辰巽巳
綠文木

三震 甲卯乙
碧祿木

二坤 未坤申
黑巨土

一坎 壬子癸 三
白貪木

心一堂術數古籍珍本叢刊　第一輯書目

堪輿類

章仲山挨星秘訣（全彩色）
臨穴指南
靈城精義箋（全彩色）
堪輿一覽
三元地理真傳（線裝）
姚氏地理辨正圖說
地理辨正補
欽天監風水正論（線裝）
蔣徒傳天玉經補註
三元天心正運（全彩色）
元空紫白陽宅秘旨（全彩色）
羅經舉要（全彩色）
漢鏡齋堪輿小識
陽宅覺元氏新書
地理辨正補註
許氏地理辨正釋義
三元地理正傳（全彩色）
地理辨正天玉經內傳要訣圖解（全彩色）
地理方外別傳
星卦奧義圖訣（全彩色）
地理秘珍
三元挨星秘訣仙傳（全彩色）
欽天監地理醒世切要辨論（全彩色）
地理辨正抉要
地理法門全書
地理辨正抉要
元空法鑑批點本，秘傳玄空三鑑奧義匯鈔合刊
元空法鑑心法
地經圖說
地理辨正自解

謝氏地理書
地理學新義
平洋地理入門、巒頭圖解合刊
平洋地理闡秘（全彩）
華氏天心正運
地學形勢摘要
司馬頭陀地鉗
鑒水極玄經　秘授水法　合刊
地理輯要
地理辨正揭隱　附連成派秘鈔訣要
地學鐵骨秘　附　吳師青藏命理大易數
趙連城秘傳楊公地理真訣
趙連城傳地理秘訣附雪庵和尚字字金
山洋指迷
三元挨星四十八局圖說
張氏地理錦囊
青囊一粟
堪輿秘訣彙釋
風水正原
風水一書

金光斗臨經
論山水元運易理斷驗、三元氣運說附紫白訣等五種合刊
《沈氏玄空吹虀室雜存》《玄空捷訣》合刊
《玄空古義四種通釋》《地理疑義答問》合刊
王元極三元陽宅萃篇
王元極增批地理冰海附　地理冰海（原本）
地理辨正求真
地理小補（全彩色）
辨正發秘初稿（全彩色）
地理辨正翼
天機心竅等地理秘書四種合刊
李文田注撼龍經
家傳地理陰陽二宅秘斷
地理前五十段、後五十段合刊
挨星考注
地理三會集
三元山水秘密真訣（全彩色）
諸家風水選擇秘訣匯鈔
三元地學秘傳

易盤暨各派風水秘驗斷鈔

命理類

命理大四字金前定數（全彩色）
韋氏命學講義
命理斷語義理源深
千里命稿
文武星案上下卷
精選命理約言
斗數宣微
斗數觀測錄
地星會源斗數綱要合刊（全彩色）
皇極數（1－4）
星命風水秘傳百日通
鐵板神數（清刻足本）——附秘鈔密碼表
邵夫子先天神數（1－2）
斗數演例（全彩色）
滴天髓闡微——附李雨田命理初學捷徑
算命一讀通——鴻福齊天
命學探驪集
命理用神精華（原本）
澹園命談
命理尋源
新命理探原
滴天髓微義
蠢子數纏度
先天蠢子神數
《斗數秘鈔》《紫微斗數之捷徑》合刊
命譜
徐樂吾滴天髓微義
徐樂吾命理尋原

占筮類

擲地金聲搜精秘訣
卜易拆字秘傳百日通
易占陽宅六十四卦秘斷
湘子周易卦

相法類

相法易知
相法秘傳百日通
新相人學講義
手相學淺說
神相全編正義
相門精義
大清相法

三式類

壬課總訣（全彩色）
六壬教科六壬鑰
壬學述古
奇門揭要（全彩色）
奇門大宗直旨（全彩色）
奇門三奇干支神應（全彩色）
奇門廬中闡秘（全彩色）
六壬秘笈——韋千里占卜講義
奇門行軍要略
大六壬類闡（全彩色）
甲遁真授秘集
大六壬尋源二種（上）（下）
奇門心法秘纂（全彩色）
奇門仙機（全彩色）
大六壬尋源二種
秘鈔大六壬神課金口訣
秘傳六壬課法附金口訣
大六壬指南
大六壬探源
太乙鑰
太乙統宗捷要
太乙會要

其他類

述卜筮星相學
中國歷代卜人傳